BUSINESS WELSH

In the same series

*French Business Situations**
Stuart Williams and Nathalie McAndrew-Cazorla
*German Business Situations**
Paul Hartley and Gertrud Robins
*Italian Business Situations**
Vincent Edwards and Gianfranca Gessa Shepheard
*Spanish Business Situations**
Michael Gorman and María-Luisa Henson
Manual of Business French
Stuart Williams and Nathalie McAndrew-Cazorla
Manual of Business German
Paul Hartley and Gertrud Robins
Manual of Business Italian
Vincent Edwards and Gianfranca Gessa Shepheard
Manual of Business Spanish
Michael Gorman and María-Luisa Henson

*Accompanying cassettes available

BUSINESS WELSH
A User's Manual

Robert Déry

London and New York

In the preparation of this manual every effort was made to avoid the use of actual company names or trade names. If any has been used inadvertently, the publishers will, if notified, change it in any future reprint.

First published 1996
by Routledge
11 New Fetter Lane, London EC4P 4EE

Simultaneously published in the USA and Canada
by Routledge
29 West 35th Street, New York, NY 10001

Typeset in Rockwell and Univers by Solidus (Bristol) Limited
Printed and bound in Great Britain by TJ Press (Padstow) Ltd, Cornwall

British Library Cataloguing in Publication Data
A catalogue record for this book is available from the British Library

Library of Congress Cataloguing in Publication Data
A catalogue record for this book has been requested

ISBN 0–415–12998–2

Contents

Introduction

The extension of the domains in which Welsh is now used is one of the happier changes in the fortunes of the language as the next century approaches. Historically the English language was seen as the most appropriate medium for the business life of the principality, an attitude fostered even by the Welsh-speaking élite which considered the language of heaven an inappropriate medium for hire-purchase agreements. Traces of this view may be seen in some shop transactions where it is still not uncommon for both customer and shop-keeper or assistant to quote prices and exchange money in English within a Welsh conversation; in another context the Welsh numerals would be used quite naturally.

There has, however, been a remarkable reversal in this perception of Welsh as significant mainly for its cultural associations, but not as an economic asset. Studies have shown a change of attitude and behaviour concerning Welsh in both Welsh- and English-speaking communities, to the extent that a knowledge of Welsh is now considered an economic advantage. This change of outlook has been accompanied by greater official promotion of the language. The Welsh Language Act 1993 established the Welsh Language Board, a body charged with 'the function of promoting and facilitating the use of the Welsh language'. Public bodies in Wales must now prepare a scheme specifying the steps they intend to take with regard to the use of Welsh. The Welsh Language Business Directory for 1993 listed 692 private businesses which offered their services in Welsh, ranging from small, local businesses to the four clearing banks and the utilities companies.

Business Welsh is a reference volume for native speakers and advanced second-language learners who wish to use Welsh in a relatively new domain, but are unsure of the appropriate linguistic forms and formats. Since a knowledge of Welsh structure is assumed, no section on grammar has been included. The book comprises a number of sample written situations in English and Welsh, which can then be adapted to meet the specific requirements of the reader. By providing texts couched mostly in the literary Welsh appropriate to formal, impersonal communications, it is hoped that the needs of those who lack confidence in their overall language skills will be met. A comparison between the English and Welsh versions will show some differences in wording, but not in the message. I have not tried to follow the English letters slavishly, thereby producing a clumsy, un-idiomatic Welsh; I have, rather, attempted to keep the Welsh letters as clear and relatively simple as possible.

Certain fields of business life cannot as yet be approached through the medium of Welsh: booking a flight is one immediate example. A variety of situations have been included in the book to ensure that a future, wider usage of Welsh will not render the book ever less useful to its readership. If, in addition, this modest work itself could serve by example to introduce the language into new areas previously inaccessible to it, so much the better.

Acknowledgements

I would like to thank my wife, Carol, for her support and practical help in the writing of this book. I would also like to thank Simon Bell at Routledge for asking me to take on this project. My parents have always encouraged me in any endeavour and I thank them for their support over the years. Finally I would like to dedicate this book to my daughter Clare: may she grow up able to use both languages of Wales in as wide a number of situations as possible.

Business Welsh

1 Enquiry

(a) About a product

Kencibi Ltd
48 / 52 Victoria Street
Llantrisant
Mid Glamorgan

Tel. 01443 973389

6 May 199-

Montis
Albion Road
Tredegar

Dear Sir/Madam

RE: TOOTHPICK MAKING AND PACKAGING MACHINE

We represent a major distributor of foodstuffs and related materials in Kenya.

We have found your name in *Kompass* under the category of suppliers of toothpick-making machinery. Our present requirement is for a special toothpick-making and packaging machine. If you do produce such equipment or can supply it, we would be pleased to receive your earliest quotation CIF Mombasa, prices for this machine and its equipment, together with a delivery time.

We would also wish you to quote for the installation of this machine in the Ususu factory in Mombasa.

We look forward to your earliest reply.

Yours faithfully

1 Ymholi

(a) Am gynnyrch

Kencibi Cyf.
48 / 52 Heol Victoria
Llantrisant
Morgannwg Ganol

Tel. 01443 973389

6 Mai 199-
Montis
Heol Albion
Tredegar

Annwyl Syr/Fadam

CYF: PEIRIANT CYNHYRCHU A PHACIO FFYN DANNEDD

Fe gynrychiolwn ddosbarthwr bwydydd a defnyddiau perthnasol mawr yn Kenya.

Fe ddaethom o hyd i'ch enw yn *Kompass* o dan gategori darparwyr peirianwaith cynhyrchu ffyn dannedd. Ein hangen presennol yw peiriant arbennig i wneud a phacio ffyn dannedd. Os ydych yn cynhyrchu'r fath gyfarpar neu os gellwch ei gyflenwi, buasem yn falch o dderbyn eich pris cynharaf CIF Mombasa, prisiau am y peiriant hwn a'i gyfarpar ynghŷd ag amser trosgludo.

Fe fuasem hefyd yn falch o gael pris am osod y peiriant hwn yn ffatri Ususu yn Mombasa.

Fe edrychwn ymlaen at dderbyn eich ymateb cynharaf.

Yr eiddoch yn gywir

(b) Services offered (e-mail)

5 November 199-

To: cbs % uk.ac. aberystwyth: Dr. Gwyn Powell

Subj: Services offered

Dear Dr Powell

I represent a new company specializing in software packages for minority languages. LinguaCom is gaining a good reputation for its flexible service, which meets the exact needs of its customers. We have developed spell-check programs, language courses for adults and linguistic analysis packages.

If you are interested in our products, I can be contacted for more information through my e-mail address.

Yours faithfully

Gareth Jenkins

gar-jen @ cix. linguacom.co.uk.

(b) Cynnig gwasanaethau (e-mail)

5 November 199-

To: cbs % uk.ac.aberystwyth: Dr. Gwyn Powell

Subj: Cynnig gwasanaeth

Annwyl Dr. Powell

Cynrychioli cwmni newydd yr wyf i sy'n arbenigo mewn pecynnau meddalwedd ar gyfer ieithoedd lleiafrifol. Y mae LinguaCom yn ennill enw da am ei wasanaeth hyblyg sy'n delio ag anghenion cymwys ei gwsmeriaid. Yr ydym wedi datblygu rhaglenni siecio sillafu, cyrsiau iaith i oedolion, a phecynnau dadansoddi ieithoedd.

Os oes gennych ddiddordeb yn ein nwyddau, gellir cysylltu â fi am ragor o fanylion trwy fy nghyfeiriad e-mail.

Yr eiddoch yn gywir

Gareth Jenkins

gar-jen @ cix. linguacom.co.uk.

(c) Prices

Clean Tech
Nelson Road
Newport
Gwent

Tel: 01633 401897
Fax: 01633 401327

20 January 199-

Bandani Detergents Ltd
26 Marlin Court
Pontypridd
Mid Glamorgan

Dear Sir/Madam

RE: QUOTATION RM534 / 16 JAN 199- / TOILET CLEANSER

On 16 January we received a quotation from your company for the
supply of 4,000 litres of industrial toilet cleanser and disinfectant. We
were unable to justify ordering this at the time, because we had
sufficient stocks from our previous order at the end of last year.

We would now like to enquire if the prices quoted at the time are still
valid for this commodity.

If you are unequivocally able to confirm that this is the case, please
take this letter as an order for a further 10,000 litres. If there has been
any price increase, please fax this to us or phone the undersigned to
enable us to proceed and agree a price in due course.

Yours faithfully

(c) Am brisiau

Clean Tech
Heol Nelson
Casnewydd
Gwent

Tel: 01633 401897
Ffacs: 01633 401327

20 Ionawr 199-

Bandani Detergents Cyf.
26 Cwrt Marlin
Pontypridd
Morgannwg Ganol

Annwyl Syr/Fadam

CYF: PRIS RM534 / 16EG ION 199- / GLANIADUR TOILEDAU

Ar yr 16eg o Ionawr derbyniwyd pris oddi wrth eich cwmni am gyflenwi 4,000 litr o laniadur toiledau a diheintydd diwydiannol. Ni fu modd i ni gyfiawnhau archebu hwn ar y pryd, gan fod gennym stociau digonol ar ôl ein harcheb flaenorol.

Hoffem holi nawr a ydy'r prisiau a roddwyd ar y pryd yn dal am y nwyddau hyn.

Os gellwch gadarnhau hyn heb os nac onibai, cymerer y llythyr hwn yn archeb am 10,000 litr ychwanegol. Os yw'r pris wedi cynyddu, a wnewch ffacsio hwn atom neu ffonio'r enw isod er mwyn i ni fynd ymlaen a chytuno ar bris yn ei bryd.

Yr eiddoch yn gywir

(d) Asking for a quote

Office Agency
20 East Street
Carmarthen
Dyfed

19 December 199-

Sales Manager
OFFICE 2000
89–91 Scott Road
Llanelli
Dyfed

Dear Sir/Madam

RE: LASER PHOTOCOPIER PR3000

We have been in correspondence with your company over the last six months and have in that time received a number of different quotations for a variety of models of the industrial laser photocopying machines produced by your company. We have decided that the most suitable machine for our requirements is the PR3000.

We note, however, that your price of £4,000 was for one machine only. We are keen to purchase 20 printers of this particular model and we would like to know what your discount is on an order of this magnitude.

We are also keen to know the delivery time for this equipment. If it were possible to deliver the printers in two separate batches of 10 each, we would require the first delivery in three months' time and the second some two months after that, when our new office in Aberystwyth is completed.

Yours faithfully

(d) Gofyn am bris

Asiantaeth Swyddfeydd
20 Heol y Dwyrain
Caerfyrddin
Dyfed

19 Rhagfyr 199-

Rheolwr Gwerthu
OFFICE 2000
89–91 Heol Scott
Llanelli
Dyfed

Annwyl Syr/Fadam

CYF: LLUNGOPÏWR LASER PR3000

Buom yn ysgrifennu â'ch cwmni dros y chwe mis diwethaf ac yr ydym wedi derbyn yn y cyfnod hwnnw nifer o brisiau gwahanol am fodeli gwahanol o'r peiriannau llungopïo laser diwydiannol a gynhyrchir gan eich cwmni. Yr ydym wedi penderfynu mai'r PR3000 yw'r peiriant mwyaf addas i'n dibenion.

Fe nodwn, er hynny, mai am un peiriant yn unig yr oedd eich pris o £4,000. Yr ydym yn awyddus i brynu 20 copïwr o'r model neilltuol hwn ac hoffem wybod beth yw'ch disgownt ar archeb o'r maint hwn.

Yr ydym hefyd yn awyddus i gael yr amser trosglwyddo ar gyfer y cyfarpar hwn. Pe bai modd trosglwyddo'r copiwyr mewn dwy ran o ddeg yr un, byddai angen y trosglwyddiad cyntaf mewn tri mis a'r ail un ryw ddau fis wedyn, pan fydd ein swyddfa newydd yn Aberystwyth wedi' i chwblhau.

Yr eiddoch yn gywir

2 Submission of a quote and estimate

T J Morgan and Son
Agricultural Merchants
2 High Street
Llanchwyn
Dyfed
SA30 4SL

Tel: 01560 388722
Fax: 01560 387324

10 August 199-

Mrs E Thomas
Pant y Drain
Llanchwyn

Dear Mrs Thomas

Thank you for your letter of 4 August enquiring about sheep-dip prices.
We can provide enough for your flock for a season, for £300 plus free
delivery. I hope this price will be to your satisfaction. If you wish to
discuss any further details, please feel free to call in at any time.

Yours sincerely

T J Morgan
Manager

2 Cyflwyno pris ac amcangyfrif

T J Morgan a'i fab
Masnachwyr Amaethyddol
2 Heol Fawr
Llanchwyn
Dyfed
SA30 4SL

Tel: 01560 388722
Ffacs: 01560 387324

10 Awst 199-

Mrs E Thomas
Pant y Drain
Llanchwyn

Annwyl Mrs Thomas

Diolch am eich llythyr dyddiedig y 4ydd o Awst yn holi am brisiau
defnydd golchi defaid. Fe allwn ni ddarparu digonedd i'ch praidd am
dymor am £300 a throsglwyddir am ddim. Gobeithio y bydd hyn yn
foddhaol i chi. Os ydych eisiau trafod manylion pellach, y mae croeso i
chi alw i mewn unrhyw bryd.

Yn gywir

T J Morgan
Rheolwr

3 Placing an order

Harper Electrics
27 Harrington Way
Bangor
Gwynedd

Tel: 01248 857685
Fax: 01248 876543

3 April 199-

Jenkins Freeman plc
Unit 36
Wrexham Industrial Estate
Wrexham
Clwyd

Dear Sir

We thank you for your catalogue and price list which we have read with interest. On the basis of your current prices we wish to order the following:

  50 electric drills, model 1456/CB
  50 chain saws, model 1865/CH

Delivery is required by 3.5.199-, and the goods should be delivered to our warehouse in Llandudno Road, Bangor. As agreed, payment will be made by banker's draft.

Yours faithfully

(Purchasing Dept)

3 Rhoi archeb

Harper Electrics
27 Ffordd Harrington
Bangor
Gwynedd

Tel: 01248 857685
Ffacs: 01248 876543

3 Ebrill 199-

Jenkins Freeman ccc
Uned 36
Ystad Ddiwydiannol Wrecsam
Wrecsam
Clwyd

Annwyl Syr

Fe ddiolchwn i chi am eich catalog a'ch rhestr brisiau a ddarllenasom â diddordeb. Ar sail eich prisiau cyfoes dymunwn archebu'r canlynol:

  50 o ddriliau trydan, model 1456/CB
  50 o lifiau crwn, model 1865/CH

Y mae angen eu trosglwyddo erbyn 3.5.199-, a dylid danfon y nwyddau i'n stordy yn Heol Llandudno, Bangor. Fel y cytunwyd, trwy archeb banc y telir.

Yr eiddoch yn gywir

(Adran Brynu)

4 Cancellation of an order

Price Werrington
83 Stator Way
Milford Haven
Dyfed

Tel: 01646 469724
Fax: 01646 829506

18 September 199-

Edwards Porcelain Factory
16 Bristol Road
Chepstow
Gwent

Dear Madam

We recently placed an order for 60 bone china coffee sets (model 'Arcadia'). The order reference is HGF/756.

We regret that due to circumstances beyond our control, we now have to cancel the order. We apologize for any inconvenience this may cause you.

Yours faithfully

4 Canslo archeb

Price Werrington
83 Ffordd Stator
Aberdaugleddau
Dyfed

Tel: 01646 469724
Ffacs: 01646 829506

18 Medi 199-

Ffatri Borslen Edwards
16 Heol Bryste
Cas-gwent
Gwent

Annwyl Fadam

Fe archebasom yn ddiweddar 60 o setiau coffi tsieina asgwrn (model 'Arcadia'). Cyfeiriad yr archeb yw HGF/756.

Y mae'n flin gennym ei bod yn rhaid canslo'r archeb hon oherwydd amgylchiadau nad oes gennym ddylanwad arnynt. Fe ymddiheurwn am unrhyw anghyfleustra i chi.

Yr eiddoch yn gywir

5 Payment of invoices

(a) Letter accompanying payment

Pelicans MR
14 Benson Street
Cowbridge
South Glamorgan

16 January 199-

Dr V Meyer
Market Research Institute
14 Parkes Street
Swansea
West Glamorgan

Dear Dr Meyer

I enclose a banker's order to the value of £190 as payment for the three market research reports on dairy products published by your organization this year.

As agreed during our telephone conversation on 15 January, the sum enclosed is inclusive of postage.

I look forward to receiving the reports as soon as possible.

Yours sincerely

Enc.

5 Talu anfoneb

(a) Llythyr gyda'r tâl

Pelicans MR
14 Heol Benson
Y Bont-faen
De Morgannwg

16 Ionawr 199-

Dr V Meyer
Sefydliad Ymchwil y Farchnad
14 Heol Parkes
Abertawe
Gorllewin Morgannwg

Annwyl Dr Meyer

Amgaeaf archeb banc am £190 i dalu am y tri adroddiad ymchwil marchnad ar gynhyrchion llaeth a gyhoeddwyd gan eich sefydliad eleni.

Fel y cytunwyd yn ystod ein sgwrs ar y ffôn ar 15 Ionawr, mae'r swm amgaeëdig yn cynnwys cost cludiant.

Edrychaf ymlaen at dderbyn yr adroddiadau cyn gynted ag y bo modd.

Yn gywir

Amg.

(b) Refusal to pay

Techtoys
12–16 Queen's Street
Llantrisant
Mid Glamorgan

18 June 199-

Janson (Builders) Ltd
Cowbridge Road
Llantrisant
Mid Glamorgan

Dear Sir

We refer to your invoice No. L28/4659 regarding repairs to the roof of
workshop 16 in Queen's Street.

In spite of the repair work carried out by your employees, the roof still
leaked in a number of places during the recent rains, causing a
shut-down of the workshop for safety reasons.

We look forward to a speedy response to resolve this problem and
assure you that your invoice will be paid as soon as this matter is
resolved to our satisfaction.

Yours faithfully

(b) Gwrthod talu

Techtoys
12–16 Heol y Frenhines
Llantrisant
Morgannwg Ganol

18 Mehefin 199-

Janson (Adeiladwyr) Cyf.
Heol y Bont-faen
Llantrisant
Morgannwg Ganol

Annwyl Syr

Cyfeiriwn at eich anfoneb rhif L28/4659 ynglŷn â gwaith cyweirio i do gweithdy 16 yn Heol y Frenhines.

Er gwaethaf y cyweiriadau a wnaethpwyd gan eich gweithwyr, yr oedd y to yn dal i ollwng dŵr mewn nifer o fannau yn ystod y glawogydd diweddar, gan achosi i ni gau'r gweithdy am resymau diogelwch.

Edrychwn ymlaen at ymateb cyflym i ddatrys y broblem hon a'ch sicrhau y telir eich anfoneb cyn gynted ag y byddwn ni'n fodlon ar y mater hwn.

Yr eiddoch yn gywir

(c) Request for payment

Black Warriors Paints
85 Carmel Way
Ebbw Vale
Gwent

22 May 199-

Harries Motor Factors
62 John Street
Pontypridd
Mid Glamorgan

Dear Sir

As per your invoice JE/17193 of 13.3.199-, we supplied your plant with 500 litres of AVC automotive base paint, payment due 60 days after receipt of our consignment.

This period of time has now elapsed and we request immediate settlement of the sum in question.

Yours faithfully

(c) Gofyn am dâl

Black Warriors Paints
85 Ffordd Carmel
Glyn Ebwy
Gwent

22 Mai 199-

Harries Motor Factors
62 Heol Ioan
Pontypridd
Morgannwg Ganol

Annwyl Syr

Fel yn ôl eich anfoneb JE/17193 o'r 13.3.199-, cyflenwyd eich offeriant â 500 litr o baint sail cerbydol AVC, y taliad yn ddyledus 60 diwrnod ar ôl derbyn ein trosglwyddiad.

Y mae'r cyfnod hwn bellach wedi mynd heibio ac fe ddymunwn i'r swm priodol gael ei dalu'n ddi-oed.

Yn eiddoch yn gywir

6 Overdue account

Final letter

Eurofin International plc
301 St. David's Way
Cardiff
South Glamorgan

19 June 199-

Lota (UK) Ltd
93 Princess Road
Maesteg
Mid Glamorgan

Dear Sir

Arrears on Finance Agreement No. 261079

Our records show that, despite my previous reminders, your account remains overdue.

We now insist that you clear the outstanding arrears by close of business on Friday, 26 June 199-.

Failure to comply with this request by the date specified will result in the termination of the agreement. We will then take steps to recover our property.

Yours faithfully

6 Cyfrif gorddyledus

Llythyr olaf

Eurofin Rhyngwladol ccc
301 Ffordd Dewi Sant
Caerdydd
De Morgannwg

19 Mehefin 199-

Lota (UK) Cyf.
93 Heol y Dywysoges
Maesteg
Morgannwg Ganol

Annwyl Syr

Ôl-ddyledion ar Gytundeb Cyllid Rhif 261079

Dengys ein cofnodion bod, er gwaethaf fy llythyron atgoffa blaenorol, eich cyfrif yn dal yn or-ddyledus.

Mynnwn yn awr eich bod yn clirio'r ôl-ddyledion sy'n aros erbyn cau busnes ddydd Gwener, 26ain o fis Mehefin 199-.

Terfynu'r cytundeb fydd canlyniad methu ag ufuddhau i'r cais hwn erbyn y dyddiad penodedig. Fe fyddwn ni wedyn yn gweithredu i adennill ein heiddo.

Yr eiddoch yn gywir

7 Job application

Advertisement

We are currently expanding our operations in Eastern Europe and require experienced people within the food processing industry who are looking for an opportunity to sell products of leading food companies in Hungary and Bulgaria. The products are of good quality and already enjoy a substantial international reputation.

The salary for the above position is negotiable dependent upon experience and qualifications. A competitive benefits package is offered.

For further details and application form please write to the Personnel Manager, EEF Ltd, Shepherd's Road, Abergavenny, Gwent, quoting reference HB/127.

Closing date: 14 February 199-.

7 Cais am swydd

Hysbyseb

Yr ydym nawr yn ehangu ein gweithgareddau yn Nwyrain Ewrop ac mae eisiau pobl brofiadol yn niwydiant prosesu bwydydd sydd yn chwilio am gyfle i werthu cynhyrchion cwmnïau bwyd blaenllaw yn Hwngari ac ym Mwlgaria. Y mae'r cynhyrchion o ansawdd da ac maent wedi ennill enw da iawn mewn gwahanol wledydd.

Mae'r gyflog am y swydd uchod i'w thrafod ar sail profiad a chymwysterau. Cynigir pecyn buddion cystadleuol.

Am fanylion pellach a ffurflen gais ysgrifenner at y Rheolwr Personél, EEF Cyf., Heol y Bugail, Y Fenni, Gwent, gan ddyfynnu cyfeiriad HB/127.

Dyddiad cau: 14eg Chwefror 199-.

8 Asking for further details and application form

Ms Lauren Russell
52 Primrose Way
Newtown
Powys

23 November 199-

EEF Ltd
Shepherd's Road
Abergavenny
Gwent

Dear Sir / Madam

<u>Ref. HB/127</u>

I would be grateful if you could send me further details and an application form for the post of sales manager advertised in this month's *East European Marketing Monthly.*

Yours faithfully

8 Gofyn am fanylion pellach a ffurflen gais

Ms Lauren Russell
52 Ffordd Briallu
Y Drenewydd
Powys

23 Tachwedd 199-

EEF Cyf.
Heol y Bugail
Y Fenni
Gwent

Annwyl Syr / Fadam

Cyf. HB/127

Buaswn i'n ddiolchgar pe gallech anfon ataf fanylion pellach a ffurflen gais ar gyfer swydd rheolwr/wraig (g)werthu a hysbyswyd yn *East European Marketing Monthly* y mis hwn.

Yn eiddoch yn gywir

9 Curriculum Vitae

Surname: Cording

First Names: Donald Morris

Date of Birth: 18. 3. 1959

Qualifications: BA (Hons) Business Studies (Cardiff, 1981)
                                    MBA (Warwick, 1985)

Current Employment: Marketing Manager, Cockpit Industries
(Sept. 1988–   )   Ltd, 8 Swindon Road, Newport, Gwent.

Previous Employment: (a) Jan. 1986–Sept. 1988: Marketing
                                    Assistant, Spurlands Ltd, 71 Misbourne
                                    Road, Northallerton, Yorks.
                                    (b) Oct. 1981–Dec. 1985: Marketing
                                    Assistant, Tutton Enterprises Ltd, Wye
                                    House, Cores End, Wolverhampton.
                                    (c) Sept. 1979–July 1980: Sales Assistant,
                                    J V Ansell & Sons, King's Street, Cardiff.

9 Curriculum Vitae

Cyfenw:	Cording
Enwau Cyntaf:	Donald Morris
Dyddiad Geni:	18. 3. 1959
Cymwysterau:	BA (Anrhydedd) Astudiaethau Busnes (Caerdydd, 1981) MBA (Warwick, 1985)
Swydd Bresennol: (Medi 1988–)	Rheolwr Marchnata, Cockpit Industries Cyf., 8 Heol Swindon, Casnewydd, Gwent.
Swyddi Blaenorol:	(a) Ionawr 1986–Medi 1988: Cynorthwy-ydd Marchnata, Spurlands Ltd, 71 Misbourne Road, Northallerton, Yorks. (b) Hydref 1981–Rhagfyr. 1985: Cynorthwy-ydd Marchnata, Tutton Enterprises Ltd, Wye House, Cores End, Wolverhampton. (c) Medi 1979–Gorffennaf 1980: Cynorthwy-ydd Gwerthu, J V Ansell a'i Feibion, Heol y Brenin, Caerdydd.

10 Requesting a reference for an applicant

Safety First Assurance plc
Bevan Buildings
12 Bridge Street
Wrexham
Clwyd

Tel: 01978 643982
Fax: 01978 643219

Your ref:
Our ref: F6/GL

2 February 199-

The Manager
First Class Bank
1-6 King's Square
Rhyl
Clwyd

Dear Mr Swift

This branch of the Safety First has recently received an application for employment as an accounts clerk from Ms Stephanie Bossom, who has quoted your name as a referee to whom we might address ourselves in the event of our wishing to interview her.

I believe that Ms Bossom has worked in your bank for several years and that her desire to change employment is prompted largely by her intention to marry and settle in this area. From her application it seems that she would be a valuable asset to us; therefore we should be most grateful if you could confirm our impression in writing (by fax if possible) as soon as is convenient.

Please feel free to comment on any aspect of Ms Bossom's work which you deem to be of likely interest to us.

I thank you in advance for your cooperation.

Yours sincerely

10 Gofyn am eirda am ymgeisydd

Aswiriant Diogelwch Gyntaf ccc
Adeiladau Bevan
12 Stryd y Bont
Wrecsam
Clwyd

Tel: 01978 643982
Ffacs: 01978 643219

Eich cyf:
Ein cyf: F6/GL

2 Chwefror 199-

Y Rheolwr
Banc Dosbarth Cyntaf
1-6 Sgwâr y Brenin
Rhyl
Clwyd

Annwyl Mr Swift

Derbyniodd y gangen hon o'r Diogelwch Gyntaf yn ddiweddar gais am swydd clerc cyfrifon oddi wrth Ms Stephanie Bossom, a roddodd eich enw fel canolwr y gallem ei holi pe dymunem ei chyfweld.

Credaf i Ms Bossom weithio yn eich banc ers sawl blwyddyn ac iddi ddymuno newid swydd gan mwyaf oherwydd ei bod yn bwriadu priodi ac ymgartrefu yn yr ardal hon. A barnu wrth ei chais, mae'n debyg y buasai'n ased gwerthfawr inni; felly buasem yn ddiolchgar dros ben pe gallech gadarnhau'n hargraff drwy ysgrifennu (drwy ffacs os bosibl) cyn gynted ag y bo'n gyfleus.

Mae croeso i chi fynegi barn ynglŷn ag unrhyw agwedd o waith Ms Bossom a fuasai o ddiddordeb inni yn eich tyb.

Diolch i chi ymlaen llaw am eich cydweithrediad.

Yn gywir

11 Providing a positive reference

First Class Bank
Rhyl Branch
1–6 King's Square
Rhyl
Clwyd

Tel: 01745 542178
Fax: 01745 541037

Your ref. F6/GL
Our ref. AS/MN

4 February 199-

Mr F Graham
Safety First Assurance
12 Bridge Street
Wrexham

Dear Mr Graham

I hasten to reply to your request for a reference for Ms Stephanie Bossom. Please accept my apologies for not being able to fax my reply, but at present we are experiencing problems with the machine.

Yes, Stephanie has been an ideal employee who started with us as an office junior straight from school and has been promoted on several occasions in recognition of her work. I understand her reasons for wishing to leave and would very soon have been promoting her myself had she been staying with us.

You will see from her application that she has sat and passed a number of professional examinations over the last two years. In that time she has taken responsibility for supervising the progress of trainees and has been involved in new initiatives relating to our office systems.

You will find Stephanie a pleasant, willing and talented person who can be relied upon to carry out her professional duties to the best of her ability at all times. I hope that you will be able to offer her the post, as you imply in your initial letter.

Yours sincerely

Alan Swift
(Manager, Town Centre Branch)

11 Rhoi geirda cadarnhaol

Banc Dosbarth Cyntaf
Cangen Rhyl
1–6 Sgwâr y Brenin
Rhyl
Clwyd

Tel: 01745 542178
Ffacs: 01745 541037

Eich cyf. F6/GL
Ein cyf. AS/MN

4 Chwefror 199-

Mr F. Graham
Aswiriant Diogelwch Gyntaf ccc
12 Stryd y Bont
Wrecsam

Annwyl Mr Graham

Brysiaf i ymateb â'ch cais am eirda i Ms Stephanie Bossom. A fuasech gystal â derbyn fy ymddiheuriadau am beidio â ffacsio fy ateb, ond ar hyn o bryd 'rydym yn cael trafferthion â'r peiriant.

Ydy, mae Stephanie wedi bod yn weithwraig ddelfrydol a ddechreuodd gyda ni fel clerc iau yn syth o'r ysgol ac a ddyrchafwyd mwy nag unwaith oherwydd safon ei gwaith. Deallaf ei rhesymau dros ddymuno gadael ac fe fuaswn yn fuan iawn wedi ei dyrchafu fy hun petasai'n aros gyda ni.

Fe welwch yn ei chais ei bod wedi sefyll a phasio nifer o arholiadau proffesiynol dros y ddwy flynedd ddiwethaf. Yn ystod y cyfnod hwnnw bu'n gyfrifol am arolygu gwelliant pobl dan hyfforddiant ac mae wedi chwarae rhan mewn mentrau newydd ynglŷn â'n sustemau swyddfeydd.

Mae Stephanie yn berson dymunol, bodlon a thalentog y medrwch ddibynnu arni ar bob achlysur i wneud ei dyletswyddau proffesiynol gorau gall hi. Gobeithiaf y medrwch gynnig y swydd iddi fel yr awgrymwch y gwnewch yn eich llythyr cyntaf.

Yn gywir

Alan Swift
(Rheolwr, Cangen Canol y Dref)

12 Regretting that a reference cannot be supplied

Twigg Industries
University Science Park
Paget Circle
Flint
Clwyd

Tel: 01352 453627
Fax: 01352 450987

Your ref. BR/JT
Our ref. OW/MF

3 September 199-

The Principal
Mynydd Isel College of Education
Mynydd Isel
Gwynedd

Dear Dr Rogers

In response to your letter of the 23 August in which you request a reference for Mr David Bywater, I regret that I cannot provide the type of statement you require.

Mr Bywater has worked as a training officer for this company for less than two months, during which time I have had little opportunity to evaluate his ability or potential.

Whilst I have no reason to believe that Mr Bywater would be incapable of teaching in your institution, on this occasion I prefer to decline to comment formally on his work.

Please accept my apologies, and I hope you will understand my reasons for declining to answer your request.

Yours sincerely

Oliver Worthington
(Training Supervisor)

12 Ymddiheuro na ellir rhoi geirda

Diwydiannau Twigg
Parc Gwyddoniaeth y Brifysgol
Cylch Paget
Y Fflint
Clwyd

Tel: 01352 453627
Ffacs: 01352 450987

Eich cyf. BR/JT
Ein cyf. OW/MF

3 Medi 199-

Y Prifathro
Coleg Addysg Mynydd Isel
Mynydd Isel
Gwynedd

Annwyl Dr Rogers

I ymateb â'ch llythyr o'r 23ain Awst yn gofyn am eirda i Mr David
Bywater ynddo, mae'n flin gennyf na fedraf roi'r math o ddatganiad y
mae arnoch ei angen.

Mae Mr Bywater yn gweithio fel swyddog hyfforddi i'r cwmni hwn ers
llai na dau fis; yn ystod y cyfnod hwn ni chefais lawer o gyfle i
werthfawrogi ei allu na'i botensial.

Nid oes gennyf ddim rheswm dros gredu y buasai ef yn methu â dysgu
yn eich sefydliad, ond ar yr achlysur hwn mae'n well gennyf beidio â
mynegi barn yn ffurfiol ynglŷn â Mr Bywater.

Gobeithiaf y derbyniwch fy ymddiheuriadau ac y byddwch yn deall fy
rhesymau dros wrthod ateb eich cais.

Yn gywir

Oliver Worthington
(Arolygydd Hyfforddi)

13 Letter of acceptance

88 Bwci Lane
Bangor
Gwynedd

19 July 199-

Melton's Motor Factors Ltd
63 Station Road
Llandudno
Gwynedd

Dear Mr Evans

Thank you for your letter of 17 July offering me the post of parts manager.

I am delighted to accept your offer.

Yours sincerely

13 Llythyr derbyn

88 Lôn y Bwci
Bangor
Gwynedd

19 Gorffenaf 199-

Melton's Motor Factors Ltd.
63 Ffordd yr Orsaf
Llandudno
Gwynedd

Annwyl Mr Evans

Diolch i chi am eich llythyr o'r 17eg o fis Gorffennaf yn cynnig swydd rheolwr rhannau i mi.

Yr ydwyf wrth fy modd i dderbyn eich cais.

Yn gywir

14   Requesting delivery information

A. Pryce (Retail) Ltd
27 High Street
Maesteg
Mid Glamorgan

Tel: 01656 456219

Your ref. SH/MN
Our ref. AP/YP

14 June 199-

The Warehouse Manager
International Bike Company plc
Anderton Trading Estate
Tredegar
Gwent

Dear Sir

You may have received from your sales department information about the order we placed in late May. Assuming that you have not yet dispatched the bicycles, could you please respond to the following requests?

On what date do you anticipate delivering the order?

Will it be possible to split the order into two, taking the mountain bikes to our Swansea branch and the young children's bikes to this one?

Could you please telephone us on the morning your drivers leave the warehouse so that I can arrange to be present at each branch when they arrive?

Please confirm also your usual conditions of delivery.

Thank you for your continued cooperation.

Yours sincerely

Arthur Pryce

14 Gofyn am wybodaeth drosglwyddo

A. Pryce (Manwerthiant) Cyf.
27 y Stryd Fawr
Maesteg
Morgannwg Ganol

Tel: 01656 456219

Eich cyf. SH/MN
Ein cyf. AP/YP

14 Mehefin 199-

Rheolwr yr Ystordy
Cwmni Beics Rhyngwladol ccc
Ystad Fasnachu Anderton
Tredegar
Gwent

Annwyl Syr

Efallai eich bod wedi derbyn oddi wrth eich adran werthu wybodaeth am yr archeb a wnaethom tua diwedd mis Mai. A bwrw nad ŷch chi wedi anfon y beics eto, a fyddech gystal ag ateb y ceisiadau canlynol?

Ar ba ddyddiad y disgwyliwch drosglwyddo'r archeb?

A fydd hi'n bosibl rhannu'r archeb yn ddwy a mynd â'r beics mynydda i'n cangen yn Abertawe a modeli'r plant bach i hon?

A allech chi hefyd ein ffonio y bore y bydd eich gyrrwyr yn ymadael â'r ystordy er mwyn i mi gael trefnu bod yn bresennol yn y ddwy gangen pan gyrhaeddant?

A wnewch chi hefyd gadarnhau'ch amodau trosglwyddo arferol?

Diolch i chi am eich cydweithrediad parhaol.

Yn gywir

Arthur Pryce

15 Advising of delay in delivery (telex)

TELEX:	Expofruit (Rennes, France) to Henshaw Bros. (Carmarthen, Wales)
Subject:	Delay in delivery
Sender:	Jean Duval
Addressee:	Mary Henshaw
Date:	1 May 199-
Message:	APOLOGIES FOR FAILING TO DELIVER USUAL ORDER THIS WEEK.

APOLOGIES FOR FAILING TO DELIVER USUAL ORDER THIS WEEK.

DOCKS STRIKE CALLED FROM TODAY THROUGHOUT FRANCE.

YOUR CONSIGNMENT OF FRUIT AND VEGETABLES ON QUAYSIDE.

STILL POSSIBLE TO SEND GOODS VIA TUNNEL, BUT COULD NOT GUARANTEE DELIVERY BY WEEKEND.

INFORM BY TELEPHONE (00 3315947583) THIS P.M. IF TO PROCEED WITH ORDER VIA TUNNEL.

REGARDS
Jean Duval (Export Manager)

15 Rhoi gwybod am oedi trosglwyddo (telecs)[1]

TELEX:	Expofruit (Rennes, Ffrainc) i'r Brodyr Henshaw (Caerfyrddin, Cymru)
Testun:	Oediad trosglwyddo
Oddi wrth:	Jean Duval
At:	Mary Henshaw
Dyddiad:	1af o fis Mai 199-
Neges:	YMDDIHEURIADAU AM FETHU Â THROSGLWYDDO ARCHEB ARFEROL WYTHNOS HON.
	STREIC DDOCIAU O HEDDIW LEDLED FFRAINC.
	EICH TROSGLWYDDIAD O FFRWYTHAU A LLYSIAU AR LAN CEI.
	DAL YN BOSIBL ANFON NWYDDAU TRW'R TWNEL, OND NI ELLID SICRHAU TROSGLWYDDIAD ERBYN PEN-WYTHNOS.
	RHOWCH WYBOD TRWY FFONIO (00 3315947583) P.M. HWN OS DYLID MYND YMLAEN Â'R ARCHEB TRW'R TWNEL.
	COFION
	Jean Duval (Rheolwr Allforio)

1 It is not impossible that communication between Brittany and Wales might occur through the medium of Welsh, which is taught at the Breton universities.

16   Reservations

(a) Enquiry about hotel accommodation

Millward plc
Grosvenor Road
Abergavenny

Tel: 01873 497867
Fax: 01873 567937

9 April 199-

Hotel Lucullus
Llandudno
Gwynedd

Dear Sir/Madam

I will be attending the trade fair in Llandudno in May with two colleagues, and we shall require rooms for three nights. Could you please confirm availability and price of the following:

three single rooms with ensuite bath/shower from 3rd to 6th May.

Yours faithfully

16 Bwcio

(a) Ymholi am lety mewn gwesty

Millward ccc
Heol Grosvenor
Y Fenni

Tel: 01873 497867
Ffacs: 01873 567937

9 Ebrill 199-

Gwesty Lucullus
Llandudno
Gwynedd

Annwyl Syr / Fadam

Byddaf yn mynychu'r ffair fasnach yn Llandudno ym mis Mai gyda dau gydweithiwr, ac mae angen arnom ystafelloedd am dair noson. A allech chi gadarnhau bod y canlynol ar gael a'u pris:

tair ystafell sengl gyda baddon / cawod o'r 3ydd hyd at y 6ed o fis Mai.

Yr eiddoch yn gywir

(b) Confirmation of reservation

Hotel Lucindia
Westmore Gardens
Cardiff
South Glamorgan

Tel: 01222 385726
Fax: 01222 384576

6 October 199-

Ms G. Cole
Ledington Parker plc
Newtown Road
Wrexham

Dear Ms Cole

Room Reservations 15–18 November

We confirm that we are able to offer the following accommodation:

4 single rooms with shower/WC @ £150 per night, inclusive of breakfast and service.

We should be grateful if you could confirm the booking in writing as soon as possible.

Yours sincerely

(b) Cadarnhau bwcio

Gwesty Lucindia
Gerddi Westmore
Caerdydd
De Morgannwg

Tel: 01222 385726
Ffacs: 01222 384576

6 Hydref 199-

Ms G. Cole
Ledington Parker plc
Ffordd y Drenewydd
Wrecsam

Annwyl Ms Cole

Ystafell gadw 15–18 mis Tachwedd

Cadarnheuwn ein bod yn gallu cynnig yr ystafelloedd canlynol:

4 ystafell sengl gyda chawod/WC @ £150 y noson, gan gynnwys brecwast a gwasanaeth.

Buasem yn ddiolchgar pe gallech gadarnhau ar bapur cyn gynted â phosibl eich bod am gadw'r ystafelloedd.

Yn gywir

(c) Change of reservation

Harald Klein Ltd.
84 Hewlett Street
Pontypridd
Mid Glamorgan

Tel: 01443 423693
Fax: 01443 396857

21 February 199-

Ms J. Hinton
Hotel Bonner
46 Swansea Way
Aberystwyth
Dyfed

Dear Madam

We have today received your confirmation of our booking of three single rooms from 18 to 23 March.

Unfortunately we have had to change our plans, and shall not now arrive in Aberystwyth until the morning of 20 March. We would be grateful if you could change the reservation accordingly.

Yours faithfully

(c) Newid bwcio

Harald Klein Cyf.
84 Heol Hewlett
Pontypridd
Morgannwg Ganol

Tel: 01443 423693
Ffacs: 01443 396857

21 Chwefror 199-

Ms J. Hinton
Gwesty Bonner
46 Ffordd Abertawe
Aberystwyth
Dyfed

Annwyl Fadam

Derbyniasom heddiw eich cadarnhad ein bod am gadw tair ystafell sengl o 18 hyd at 23 o fis Mawrth.

Yn anffodus, bu raid inni newid ein cynlluniau, ac ni fyddwn yn cyrraedd Aberystwyth tan fore 20 Mawrth. Byddem yn ddiolchgar pe gallech newid ein trefniant ar sail hyn.

Yr eiddoch yn gywir

17 Insurance

(a) Request for quotation for fleet car insurance

Horton Engineering
36–8 Trefelen Road
Port Talbot
West Glamorgan

Tel: 01639 412988
Fax: 01639 429169

17 July 199-

Hartson Insurance Services
24 North Road
Narberth
Dyfed

Dear Sir / Madam

We understand from colleagues that you specialize in insurance for company fleet cars. We have a large fleet of executive saloons, and are currently obtaining quotations for insurance cover. If you are interested in giving us a quotation, could you please contact Ms Helen Bridges, our fleet manager, who will give you the appropriate details.

Yours faithfully

17 Yswiriant

(a) Gofyn am bris yswiriant fflud o geir

Horton Engineering
36–8 Heol Trefelen
Port Talbot
Gorllewin Morgannwg

Tel: 01639 412988
Ffacs: 01639 429169

17 Gorffenaf 199-

Gwasanaethau Yswiriant Hartson
24 Heol y Gogledd
Arberth
Dyfed

Annwyl Syr / Fadam

Yr ydym yn deall yn ôl cydweithwyr eich bod yn arbenigwyr yswiriant ar gyfer ceir cwmnïau. Mae gennym fflud fawr o salŵns ar gyfer gweithredwyr, ac yr ydym ar hyn o bryd yn ymchwilio prisiau yswiriant. Os oes diddordeb gennych mewn rhoi pris inni, a wnewch chi gysylltu â Ms Helen Bridges, rheolwraig ein fflud, a rydd y manylion priodol i chi.

Yr eiddoch yn gywir

(b) Reminder of overdue premium

Lorimer Vehicle Insurance
9a Waterloo Avenue
Mold
Clwyd

Tel: 01352 840386
Fax: 01352 761235

29 November 199-

Mr R. Collins
45 Delta Road
Cardigan

Dear Mr Collins

Your vehicle, registration H351 AWL, is currently insured by us. Several days ago we sent you a reminder that the insurance renewal premium was due. We have still not received this from you. We are writing to inform you that unless we receive payment within 72 hours, the insurance cover will lapse. Please send payment directly to our office in Gower Streeet, London.

Yours sincerely

(b) Llythyr atgoffa am bremiwm gorddyledus

Yswiriant Cerbydau Lorimer
9a Rhodfa Waterloo
Yr Wyddgrug
Clwyd

Tel: 01352 840386
Ffacs: 01352 761235

29 Tachwedd 199-

Mr R. Collins
45 Heol Delta
Aberteifi

Annwyl Mr Collins

Y mae'ch cerbyd, rhif cofrestru H351 AWL, ar hyn o bryd yn cael ei yswirio gennym. Rhai dyddiau yn ôl anfonwyd atoch lythyr i'ch atgoffa bod premiwm adnewyddu'r yswiriant yn ddyledus. Yr ydym heb gael hwnnw gennych eto. Yr ydym yn ysgrifennu i roi gwybod ichi mai cwympo a wnaiff yr yswiriant oni chawn y taliad o fewn 72 awr. Anfoner y taliad yn uniongyrchol i'n swyddfa yn Gower Street, London.

Yn gywir

(c) Submission of documents to support claim

48 Merchant Street
Prestatyn
Clwyd

12 July 199-

Darton Insurance Services
59 Tristan Road
Swansea
West Glamorgan

Dear Sir/Madam

Several days ago I submitted to you a claim form under the terms of my motor vehicle insurance (policy number CDF 9486756 UY 94766). Your head office has since requested from me the original policy document. I regret that this is no longer in my possession, and I enclose herewith a photocopy. I trust that this will meet your requirements.

Yours faithfully

Enc.

(c) Cyflwyno dogfenni i gefnogi cais

48 Stryd y Masnachwyr
Prestatyn
Clwyd

12 Gorffenaf 199-

Gwasanaethau Yswiriant Darton
59 Heol Tristan
Abertawe
Gorllewin Morgannwg

Annwyl Syr/Fadam

Cyflwynais ffurflen hawlio atoch chi rai dyddiau yn ôl o dan delerau fy yswiriant cerbydau moduron (rhif y polisi CDF 9486756 UY 94766). Ers hynny mae'ch prif swyddfa wedi gofyn am y ddogfen bolisi wreiddiol. Yn anffodus nid ydyw honno gennyf ragor, ac amgaeaf lungopi gyda'r llythyr. Hyderaf y bydd hyn yn foddhaol i chi.

Yr eiddoch yn gywir

Amg.

(d) Claim for fire damage

Loxton and Hyde
17 Bryn Road
Neath
West Glamorgan

Tel: 01639 4967936
Fax: 01639 3900967

28 July 199-

Chester Insurance
18 New Road
Bangor
Gwynedd

Dear Madam

Our premises at London Road, Risca, are covered by your company.

On the night of 22–3 July there was a fire at the premises, and a considerable amount of stock was destroyed or damaged. Your head office has already been informed, but they insist that the matter be investigated locally. I would be grateful if you could arrange for your representative to call on us at his earliest convenience. It is imperative that the matter be resolved quickly, so that we can submit the appropriate claim.

Yours faithfully

(d) Hawlio am ddifrod tân

Loxton and Hyde
17 Heol y Bryn
Castell-nedd
Gorllewin Morgannwg

Tel: 01639 4967936
Ffacs: 01639 3900967

28 Gorffenaf 199-

Chester Insurance
18 Ffordd Newydd
Bangor
Gwynedd

Annwyl Fadam

Fe yswirir ein hadeiladau yn Heol Llundain, Rhisga, gan eich cwmni.

Ar noson 22–3 o fis Gorffennaf bu tân yn yr adeiladau, ac fe gafodd swm sylweddol o stoc ei ddifetha neu ei sbwylio. Mae'ch prif swyddfa eisoes wedi cael gwybod am hyn, ond mynnant fod yr achos yn cael ei archwilio yn lleol. Buaswn yn ddiolchgar pe gallech drefnu bod eich cynrychiolydd yn ymweld â ni cyn gynted ag y bo'n gyfleus iddo. Y mae'n hanfodol cael penderfynu'r achos yn gyflym, er mwyn i ni gyflwyno'r hawl briodol.

Yr eiddoch yn gywir

(e) Refusal to meet claim

Wright Insurance
83 Frondeg Road
Cardiff

Tel: 01222 285037
Fax: 01222 392867

31 March 199-

Mrs D Leach
29 James Street
Penarth

Dear Mrs Leach

We acknowledge your claim form (reference JH 8576/HY) for water damage to your stock on the night of 27 March. We regret, however, that we are unable to meet the claim, as our policy (section 3, paragraph 5) specifically excludes this form of damage, particularly since the premises were unoccupied for a period of two weeks before the damage occurred.

Yours sincerely

(e) Gwrthod talu hawl

Yswiriant Wright
83 Heol Frondeg
Caerdydd

Tel: 01222 285037
Ffacs: 01222 392867

31 Mawrth 199-

Mrs D Leach
29 Stryd Siâms
Penarth

Annwyl Mrs Leach

Fe gydnabyddwn eich ffurflen hawlio (cyfeiriad JH 8576/HY) am ddifrod dŵr i'ch stoc ar noson 27 o fis Mawrth. Y mae'n flin gennym, er hynny, ein bod yn methu â delio â'r hawl gan fod ein polisi (adran 3, paragraff 5) yn eithrio yn neilltuol y math hwn o ddifrod, yn enwedig gan i'r adeilad fod yn wag am gyfnod o ddwy wythnos cyn i'r difrod ddigwydd.

Yn gywir

(f) Confirmation of agreement to meet claim

Mainwaring Insurance
20 Hendy Road
Aberystwyth

Tel: 01970 345969
Fax: 01970 493648

28 May 199-

Ms D Nutting
Hinton Haulage
Prospect Road
Barry

Dear Ms Nutting

Thank you for your letter of 20 May, together with your claim form for damage to goods in transit between Southampton and Brecon on 16 May. We are pleased to inform you that we are able to meet your claim in full, and you will receive a cheque for the appropriate amount within three days.

Yours sincerely

(f) Cadarnhau talu hawl

Yswiriant Mainwaring
20 Heol Hendy
Aberystwyth

Tel: 01970 345969
Ffacs: 01970 493648

28 Mai 199-

Ms D Nutting
Hinton Haulage
Heol y Drem
Y Bari

Annwyl Ms Nutting

Diolch i chi am eich llythyr o 20 mis Mai, ynghŷd â'ch ffurflen hawlio am ddifrod i nwyddau ar daith rhwng Southampton ac Aberhonddu ar 16 mis Mai. Yr ydym yn falch o roi gwybod i chi ein bod yn gallu talu eich hawl yn gyflawn, ac fe gewch siec am y swm priodol o fewn tridiau.

Yn gywir

18 Considering legal action

Collinge Ltd
114 Catherine Street
Cardiff

9 January 199-

Patelin and Groves
4 Marshall Road
Cardiff

<u>For the attention of Mr Patelin</u>

Dear Mr Patelin

Your name was given to us by Robert MacKenzie of Canine Crunch Ltd, for whom you acted last year.

We have a complaint against the newspaper *Saturday Britain* which has, in our opinion, seriously defamed us in the enclosed article dealing with the closure of our plant at Cae Gwern.

We would like to take legal action against the said journal, but would first like to have your professional advice concerning the strength of our case. Could you also let us know how long the case might run and the likely scale of our legal costs.

Yours sincerely

Enc.

18 Ystyried gweithred gyfreithiol

Collinge Cyf.
114 Heol Catherine
Caerdydd

9 Ionawr 199-

Patelin and Groves
4 Heol Marshall
Caerdydd

<u>Er sylw Mr Patelin</u>

Annwyl Mr Patelin

Rhoddodd Robert MacKenzie o Canine Crunch Cyf., y buoch yn gweithredu drosto y llynedd, eich enw i ni.

Y mae gennym gwyn yn erbyn y papur newydd *Saturday Britain* sydd yn ein barn ni wedi'n henllibio yn ddifrifol yn yr erthygl amgaeëdig sy'n ymwneud â chaead ein gweithfa yng Nghae Gwern.

Dymunwn ddwyn achos yn erbyn y papur hwn ond yn gyntaf hoffem gael eich cyngor proffesiynol am gryfder ein dadl. A fyddech gystal hefyd â rhoi gwybod pa mor hir gallai'r achos barhau a maint tebygol y costau cyfreithiol.

Yn gywir

Amg.

19   Complaint about damage to goods

International Removals Ltd
14 Georgian Square
Birmingham

3 April 199-

Transportation Ltd
Grollam Street
Pen-cwm
Mid Glamorgan

For the attention of Mr Gerald Spence

Dear Mr Spence

We have received a complaint from John Ferguson of Amex Insurance concerning their removal to Cardiff three weeks ago. You will remember that we sub-contracted this removal to your company.

Mr Ferguson claims that several items of furniture and office equipment were damaged on arrival at the premises in Cardiff.

Although he immediately complained to your delivery men, he has still not heard from you. In the interests of our future business relations, I would be grateful if you could clarify this situation.

Yours sincerely

19   Cwyn am ddifrod nwyddau

International Removals Ltd
14 Georgian Square
Birmingham

3 mis Ebrill 199-

Transportation Ltd
Stryd Grollam
Pen-cwm
Morgannwg Ganol

<u>Er sylw Mr Gerald Spence</u>

Annwyl Mr Spence

Yr ydym wedi derbyn cwyn gan John Ferguson o Amex Insurance ynglŷn â'u symudiad i Gaerdydd dair wythnos yn ôl. Fe gofiwch ein bod wedi contractio'r symudiad hwn i'ch cwmni.

Y mae Mr Ferguson yn honni bod rhai eitemau o gelfi a chyfarpar swyddfa wedi dioddef difrod cyn cyrraedd yr adeiladau yng Nghaerdydd.

Er iddo gwyno'n syth wrth eich trosglwyddwr, y mae heb glywed oddi wrthych eto. Er lles ein perthynas fusnes yn y dyfodol buaswn yn ddiolchgar pe gallech egluro'r sefyllfa.

Yn gywir

20 Complaints procedure

INTERNAL MEMORANDUM

From: Head Office
To: All staff in all plants
Date: 1 March 199-
Subject: COMPLAINTS

It has been decided by our Quality Action Committee that in future all plants must keep a record of all complaints about any aspect of our activity, either by our own staff or by any external person or group with which we have dealings.

Each plant must appoint a Complaints Manager whose task it will be to keep an orderly, detailed record of complaints in a register. He or she should note in each case the action taken to rectify the matters concerning which complaints were received.

These registers will be sent each half year to QAC at Head Office for inspection.

20 Dull cwyno

MEMORANDWM MEWNOL

Oddi wrth: Prif Swyddfa
At: Staff i gyd ym mhob gweithfa
Dyddiad: 1 mis Mawrth 199-
Testun: CWYNION

Y mae'r Pwyllgor Gweithredoedd o Ansawdd wedi penderfynu bod rhaid yn y dyfodol i bob gweithfa gadw cofnod o bob cwyn ynglŷn ag unrhyw agwedd o'n gweithgareddau a wna ein staff ein hunain neu unrhyw berson neu grŵp allanol yr ydym yn ymwneud â nhw.

Dylid penodi ym mhob gweithfa Reolwr Cwynion / Rheolwraig Gwynion a fydd â chyfrifoldeb i gadw cofnod manwl a threfnus o'r cwynion mewn cofrestr. Fe ddylai nodi ym mhob achos sut awd ati i gywiro'r testun cwyno.

Anfonir y cofrestrau hyn bob chwe mis i PGA yn y Brif Swyddfa i'w harchwilio.

21 Informing customers of improved product range

Jenkins Engines Ltd
9 Furnace Lane
Borth
Mid Glamorgan

9 September 199-

Marine Motors
4–8 Little Quay
Aberystwyth
Dyfed

Dear Sir

As your company is one of our most valued customers, we wish to take this opportunity to inform you that we have considerably increased and improved our product range. We now supply several more marine engines, both outboard and inboard, petrol and diesel.

Please see the attatched catalogue, which details these as well as our range of agricultural and horticultural motorized equipment, which may be of interest to you.

Yours faithfully

(Sales Manager)

Enc.

21 Rhoi gwybod i gwsmer am amrywiaeth well o gynhyrchion

Jenkins Engines Cyf.
9 Lôn y Ffwrnais
Borth
Morgannwg Ganol

9 mis Medi 199-

Marine Motors
4–8 Cei Bach
Aberystwyth
Dyfed

Annwyl Syr

Gan mai un o'n cwsmeriaid mwyaf gwerthfawr yw'ch cwmni chi, dymunwn achub ar y cyfle i roi gwybod i chi ein bod wedi cynyddu a gwella amrywiaeth ein cynhyrchion yn llawer. Yr ydym yn cyflenwi yn awr ragor o beiriannau cychod a llongau i'w defnyddio ar y tu allan neu'r tu fewn, petrol neu ddisel.

Gweler y catalog amgaeëdig sy'n rhoi manylion y rhain yn ogystal â'r amrywiaeth o'n cyfarpar modur amaethyddol a garddwriaethol a allai fod o ddiddordeb i chi.

Yr eiddoch yn gywir

(Rheolwr Gwerthu)

Amg.

22 Informing customers that the company has been taken over

Hartley Chemicals Ltd
44 Canalside
Ponthaearn
Clwyd

24 July 199-

Plastic Products Ltd
89 Julian Street
Ebbw Vale
Gwent

Dear Madam

Thank you for your order dated 17 July. We have to inform you, however, that our company has been taken over by a larger concern, INTERNATIONAL CHEMICALS Inc.

In addition, we regret that we no longer produce the polymers that you request at this site. We have, however, passed on your order to our parent company and are confident that you will be contacted soon.

In the interests of future business we enclose the latest catalogue of our total range of products, with information as to which subsidiary manufactures which product.

Yours faithfully

(Plant Director)

Enc.

22 Rhoi gwybod i gwsmer bod y cwmni wedi'i brynu

Hartley Chemicals Cyf.
44 Min y Gamlas
Ponthaearn
Clwyd

24 mis Gorffennaf 199-

Cynhyrchion Plastig Cyf.
89 Heol Julian
Glyn Ebwy
Gwent

Annwyl Fadam

Diolch ichi am eich archeb o 17 mis Gorffennaf. Mae angen rhoi gwybod ichi fod ein cwmni wedi'i brynu gan fusnes mwy, sef INTERNATIONAL CHEMICALS Inc.

Ynglŷn â hynny, y mae'n flin gennym na chynhyrchir ragor y polimerau a ddymunwch yn y lleoliad hwn. Yr ydym, er hynny, wedi pasio'ch archeb i'n prif gwmni ac hyderwn y cysylltir â chi cyn hir.

Er lles busnes yn y dyfodol amgaewn ein catalog diweddaraf o'r amrywiaeth gyfan o gynhyrchion ac fe ddangosir pa is-gwmni sy'n gwneud cynnyrch neilltuol.

Yr eiddoch yn gywir

(Cyfarwyddwr y weithfa)

Amg.

23 Requesting information about opening a business account

Melton Pies Ltd
85 Carmel Way
Melton Mowbray
Leicestershire

23rd October 199-

The Manager
The Woolly Sheep Bank
89 Beranger Street
Aberdare
Mid Glamorgan

Dear Sir/Madam

We are proposing to open an office and refrigerated storage facility at Aberdare in the New Year and would appreciate some information about opening a bank account at your branch.

Initially we would be transferring funds to finance the setting up of our new business premises. Thereafter we would expect to use the account to receive payments from customers and to pay local suppliers etc.

We would be most grateful if you could inform us of all the formalities that we need to observe, both public and in particular to the Woolly Sheep Bank. Could you also inform us of your charges on business accounts.

Yours faithfully

(Commercial Manager)

23 Gofyn am wybodaeth ynglŷn ag agor cyfrif busnes

Melton Pies Ltd
85 Carmel Way
Melton Mowbray
Leicestershire

23ain o fis Hydref 199-

Y Rheolwr/wraig
Banc y Ddafad Wlanog
89 Heol Beranger
Aberdâr
Morgannwg Ganol

Annwyl Syr/Fadam

Yr ydym yn bwriadu agor swyddfa ac ystorfa reweiddio yn Aberdâr yn y flwyddyn newydd a buasem yn gwerthfawrogi gwybodaeth am agor cyfrif banc yn eich cangen chi.

I ddechrau byddem yn trosglwyddo cyfalaf i dalu am sefydlu'n hadeiladau busnes newydd. Wedyn disgwyliwn ddefnyddio'r cyfrif i dderbyn taliadau cwsmeriaid ac i dalu cyflenwyr lleol ayb.

Buasem yn dra diolchgar petai modd ichi roi gwybod ynglŷn â'r holl drefniadau y mae eisiau eu gwneud, y rhai cyhoeddus a'r rhai arbennig i Fanc y Ddafad Wlanog. A allech chi hefyd roi gwybod inni faint godwch ar gyfrifon busnes?

Yr eiddoch yn gywir

(Rheolwr Masnach)

24 Requesting information about opening a personal bank account

M. J Morbihan
146 boulevard Haussmann
Nantes
France

4th November 199-

The Manager
The National Bank
22 Cae Gwyn Road
Caernarfon
Gwynedd

Dear Sir/Madam

My French employers are posting me to their British subsidiary as of the beginning of January. I will therefore be moving to Caernarfon with my family and I expect to be resident in Wales for two years.

Will you please send me details about opening a personal current account at your bank. My salary would be paid into the account, and both my wife and myself would wish to draw money from it and to pay bills by cheque etc. We would also wish to transfer money to a bank account in France.

Please send me any documentation you have. (I can read Welsh though I am not very good at writing it).

Yours faithfully

24 Gofyn am wybodaeth ynglŷn ag agor cyfrif banc personol

M. J Morbihan
146 boulevard Haussmann
Nantes
Ffrainc

4ydd o fis Tachwedd 199-

Y Rheolwr
The National Bank
22 Ffordd Cae Gwyn
Caernarfon
Gwynedd

Annwyl Syr/Fadam

Y mae fy nghyflogwyr yn Ffrainc yn fy mhostio i'w his-gwmni ddechrau mis Ionawr. Fe fyddaf felly yn symud i Gaernarfon gyda'm teulu a disgwyliaf fyw yng Nghymru am ddwy flynedd.

A wnewch chi roi manylion i mi ynglŷn ag agor cyfrif cyfredol yn eich banc. Telir fy nghyflog i'r cyfrif hwn a dymuna fy ngwraig a finnau godi arian ohono a thalu biliau drwy sieciau ayb. Y mae'n bosib y byddwn ni am drosglwyddo arian i gyfrif banc yn Ffrainc.

A fuasech gystal â danfon unrhyw fanylion sy gennych. (Gallaf ddarllen y Gymraeg er nad ysgrifennaf yr iaith yn dda).

Yr eiddoch yn gywir

25 Bank's letter to a customer

The Rural Bank
Market Square
Brecon
Powys

2 May 199-

Mr Bernard Williams
4 Drovers' Lane
Libanus
Powys

Dear Mr Williams

We are writing to inform you that we have today received a cheque payable to yourself for the sum of $124,035.00, sent by J et P Barraud Notaires, 307 rue du Château, Luxembourg.

Can you please confirm as soon as possible that you were expecting this deposit and let us know your instructions concerning it.

Enclosed is a photocopy of the cheque and its accompanying letter.

Yours sincerely

(Head Cashier)

Enc.

25 Llythyr banc i gwsmer

Y Banc Cefn-gwlad
Sgwâr y Farchnad
Aberhonddu
Powys

2 Mai 199-

Mr Bernard Williams
4 Lôn y Porthmyn
Libanus
Powys

Annwyl Mr Williams

Yr ydym yn ysgrifennu atoch i roi gwybod ein bod heddiw wedi cael siec sy'n daladwy i chi am $124,035.00 a anfonwyd gan J et P Barraud Notaires, 307 rue du Château, Luxembourg.

A wnewch chi gadarnhau cyn gynted â phosibl eich bod yn disgwyl yr adnau hwn a rhoi gwybod i ni am eich dymuniadau ynglŷn ag ef.

Wedi' i amgau mae llungopi o'r siec hon a'r llythyr a ddaeth gyda hi.

Yn gywir

(Prif Ariannwr)

Amg.

26 Letter concerning an overdrawn account

Commercial Bank
Maesteg Road
Swansea

9 March 199-

Ms J. H. James
47 Narrow Lane
Morriston
Swansea

Dear Ms James

We regret to inform you that your account, number 62467840, is overdrawn by £21.09.

We would appreciate your rectifying this situation as soon as possible since you have no overdraft arrangement with us.

Yours sincerely

(Manager)

26 Llythyr ynglŷn â chyfrif mewn dyled

Commercial Bank
Heol Maesteg
Abertawe

9 mis Mawrth 199-

Ms J. H. James
47 Lôn Gul
Treforys
Abertawe

Annwyl Ms James

Y mae'n flin gennym roi gwybod i chi fod eich cyfrif, rhif 62467840, mewn dyled o £21.09.

Byddem yn gwerthfawrogi cywiro'r sefyllfa hon gennych cyn gynted â phosibl gan nad oes gennych drefniant gorddrafft gyda ni.

Yn gywir

(Rheolwr)

27 Reply to request for information – Post Office

The Post Office Users Council
Waterloo Road House
Waterloo Road
Llanelli

6 February 199-

Madame Françoise Hardi
Service de Rédaction
Magazine Usuel
9 rue Chasseur
Rennes
France

Dear Madam

Further to your recent letter, we are not actually a branch of the Post Office, but an organization set up essentially to deal with complaints.

To help you with your search for information about British Postal Services we are enclosing a copy of the Post Office Guide. It should contain all that you need.

With reference to two of your queries, there is a special reduced postage rate for advertising material and there are two rapid delivery services: Rapidair is an international service, and Star Delivery an express parcel service run by Network Rail.

Yours sincerely

P. O. U. C.

27 Ateb cais am wybodaeth – Swyddfa Bost

Cyngor Defnyddwyr y Swyddfa Bost
Tŷ Heol Waterloo
Heol Waterloo
Llanelli

6 Chwefror 199-

Madame Françoise Hardi
Service de Rédaction
Magazine Usuel
9 rue Chasseur
Rennes
France

Annwyl Fadam

Ynglŷn â'ch llythyr diweddar, nid cangen o'r Swyddfa Bost mohonom ond cymdeithas defnyddwyr a sefydlwyd yn y bôn i ddelio â chwynion.

Er mwyn eich helpu i chwilio am hysbysrwydd am wasanaethau post ym Mhrydain amgaewn gopi o Ganllawiau ar gyfer Defnyddio'r Swyddfa Bost. Fe ddylai hwnnw gynnwys popeth y mae arnoch ei angen.

Ynglŷn â dau o'ch cwestiynau, y mae pris cludiant is yn arbennig ar gyfer deunydd hysbysebu ac y mae dau wasanaeth cludiant cyflym: y mae Rapidair yn wasanaeth rhyngwladol, a Star Delivery yn wasanaeth parseli cyflym a redir gan Network Rail.

Yn gywir

C. D. S. B.

28 Enquiring about regulations for purchase of property abroad (memo)

Lujiprop Ltd

<u>Internal Memorandum</u>

From: Terry Baddison (Customer Services)

To: William Stewart (Legal Department)

Date: 9 September 199-

Message: I urgently need some information on current rules and regulations concerning the purchase and renting of property in Spain. We have some clients interested in the new complex at Carboneras, but there seems to be some doubt as to whether they can sublet part of the premises without paying local tax on the rental. Can you check this out ASAP?

PS I'm in the office every afternoon this week.

Terry.

28 Ymholi am reolau ynglŷn â phrynu eiddo tramor (memo)

Lujiprop Cyf.

<u>Memorandwm Mewnol</u>

Oddi wrth: Terry Baddison (Gwasanaethau Cwsmeriaid)

At: William Stewart (Adran Gyfreithiol)

Dyddiad: 9fed o fis Medi 199-

Neges: Mae eisiau arna' i wybodaeth ar frys am y rheolau ynglŷn â phrynu a rhentu eiddo yn Sbaen. Mae gennym gleients â diddordeb yn y complecs newydd yn Carboneras, ond mae'n debyg bod ansicrwydd a ydyn nhw'n cael tanosod rhan o'r adeiladau heb dalu treth leol ar y rhent. Ellwch chi siecio hyn cyn gynted ag y bo modd?

O N Bydda' i yn y swyddfa bob prynhawn yr wythnos hon.

Terry.

29 Informing staff of new guidelines re. ordering stock (memo)

Fletcher Ltd

<u>Internal Memorandum</u>

From: The Operations Director

To: All personnel

Date: 3rd August 199-

Message: You will be aware that hitherto staff have been able to order materials required for production by requesting a form to complete and return to the works manager. It has been decided that from 1 September the procedure will be simplified: all stock will be kept in the storeroom in Block B4 and personnel may obtain access from the side entrance in order to remove the materials required. Please remember to sign the stock register on the shelf to indicate what and how much you have taken on each occasion.

Operations Director

29 Rhoi gwybod i staff am ganllawiau newydd ynglŷn ag archebu stoc (memo)

Fletcher Cyf.

Memorandwm Mewnol

Oddi wrth: Y Cyfarwyddwr Gweithredoedd

At: Staff i gyd

Dyddiad: 3ydd o fis Awst 199-

Neges: Fe fyddwch yn gwybod bod staff hyd yn hyn wedi gallu archebu defnyddiau ar gyfer cynhyrchiad trwy ofyn am ffurflen i'w chwblhau a' i dychwelyd at y rheolwr gwaith. Y mae penderfyniad wedi' i wneud y symleiddir y drefn hon o'r 1af o fis Medi: cedwir y stoc i gyd yn yr ystorfa ym Mloc B4 a gellir cyrraedd drwy fynedfa'r ochr er mwyn mynd â'r defnyddiau sydd angen. Cofier arwyddo'r gofrestr stoc ar y silff i hysbysebu beth a faint gymerasoch ar bob achlysur.

Cyfarwyddwr Gweithredoedd

30 Requesting details from estate agent on office space available for rent

Multicast
Floor 11
Forum House
Galton Close
Newport
Gwent

Tel: 01633 123456
Fax: 01633 127649

23 June 199-

Askey & Cheetham
Estate Agents
68–70 Parkes Street
Abergavenny

Your ref.
Our ref. GB / LK

Dear Sir/Madam

I write to enlist your assistance in my search for suitable office space to rent in the town centre of Abergavenny. My company, which sells, services, and repairs video equipment, is expanding to other towns in the county. We require some 500 square feet of office space together with a main-street retail outlet on the same premises in your town. In the first instance we would prefer a maximum two-year lease, but are open to negotiation.

Could you please send me a list of suitable properties currently available through your agency and any further information you may have on sources of finance via local banks?

Please note our fax number, which should be used for any urgent communication you may wish to make to us.

Yours sincerely

(Managing Director)

30 Gofyn am fanylion oddi wrth arwerthwr am le swyddfa addas i'w rentu

Multicast
Llawr 11
Tŷ Forum
Clos Galton
Casnewydd
Gwent

Tel: 01633 123456
Ffacs: 01633 127649

23 Mehefin 199-

Askey & Cheetham
Arwerthwyr
68–70 Heol Parkes
Y Fenni

Eich cyf.
Ein cyf. GB / LK

Annwyl Syr/Fadam

Ysgrifennaf atoch am eich cymorth i ddod o hyd i le swyddfa addas i'w rhentu yng nghanol tref y Fenni. Y mae fy nghwmni, sy'n gwerthu, gwasanaethu, ac atgyweirio cyfarpar fideo, yn ehangu i drefi eraill yn y sir. Y mae eisiau arnom ryw 500 troedfedd sgwâr o le swyddfa ac agorfa fanwerthu ar y Stryd Fawr yn yr un adeiladau yn eich tref. Yn gyntaf byddai'n well gennym brydles ddwy flynedd ar y mwyaf, ond yr ydym yn fodlon trafod.

A wnewch chi anfon ataf restr o leoedd addas sydd ar gael ar hyn o bryd ac unrhyw fanylion pellach am ffynonellau cyllid trwy fanciau lleol?

Noder ein rhif ffacs i'w ddefnyddio am unrhyw negeseuon o bwys.

Yr eiddoch yn gywir

(Cyfarwyddwr Rheoli)

31 Reporting to a client on availability of a particular property (fax)

Smith & Jones
Estate Agents
29 Ffordd Deg
Dolgellau
Gwynedd

Tel: 01341 743902
Fax: 01341 742900
Telex: 530921 S/M ENA

To: Ms L Topcopy
               Trendset Printers

From: Mrs D Russell
               Smith & Jones

Date: 6/9/199-

No. of pages, including this: 1

Dear Ms Topcopy

I am faxing you urgently to let you know that office premises have just become available in the area of town in which you expressed an interest. The lease on a street-front shop with upstairs office has been cancelled early by another client, who is moving south. If you would like to view the property, please get back to us this afternoon and we will arrange a visit.

Best wishes

31 Rhoi gwybod i gleient am argaeledd eiddo neilltuol (ffacs)

Smith & Jones
Arwerthwyr
29 Ffordd Deg
Dolgellau
Gwynedd

Tel: 01341 743902
Ffacs: 01341 742900
Telecs: 530921 S/M ENA

At: Ms L Topcopy
Trendset Printers

Oddi wrth: Mrs D Russell
Smith & Jones

Dyddiad: 6/9/199-

Nifer o dudalennau, gan gynnwys hon: 1

Annwyl Ms Topcopy

Yr ydwyf yn anfon ffacs atoch ar frys i roi gwybod bod swyddfa newydd ddod ar y farchnad yn y rhan o'r dref y dywedsoch yr oedd o ddiddordeb i chi. Y mae'r brydles ar siop stryd-flaen â swyddfa uwchben wedi'i chanslo gan gleient arall sy'n symud i'r De. Pe hoffech weld yr adeilad, a wnewch chi gysylltu â ni y prynhawn hwn a threfnwn weld y lle.

Cofion gorau

32 Circulating companies with data on computer hardware for sale

Computasa
Pear Street
Cardiff

Tel: 01222 651289
Fax: 01222 183902

4 April 199-

Purchasing Managers:
All businesses in South Wales area

Dear Colleague

This company has recently acquired from our suppliers in the United States a new range of business machines that we intend to make available for sale by the end of April.

We are contacting all major companies in the region to offer direct sale, rental, or lease facilities; especially favourable terms will be available to companies which have already installed our equipment.

Enclosed with this communication is a complete list of the new models available, together with a price list that indicates the different levels of charge, subject to existing contractual conditions.

If your company has any intention of updating or replacing current computer hardware equipment, please contact me:

Alan Rivers
Sales Manager
COMPUTASA

See above for address, telephone, and fax details.

Yours sincerely

32 Anfon cylchlythyr i gwmnïau ynglŷn â manylion am galedwedd cyfrifiaduron sydd ar werth

Computasa
Heol Pear
Caerdydd

Tel: 01222 651289
Ffacs: 01222 183902

4 Ebrill 199-

Rheolwyr Prynu:
Pob busnes yn ardal De Cymru

Annwyl Gyfaill

Y mae'r cwmni wedi cael yn ddiweddar oddi wrth ein cyflenwyr yn yr Unol Daleithiau amrywiaeth newydd o beiriannau busnes a fydd ar gael trŵom erbyn diwedd mis Ebrill.

Yr ydym yn cysylltu â phob cwmni mawr yn yr ardal i gynnig adnoddau prydlesu, rhentu, neu werthu uniongyrchol; bydd termau enwedig o ffafriol ar gael i gwmnïau sydd eisioes wedi gosod ein cyfarpar.

Amgaewn gyda'r neges hon restr gyflawn o'r modeli newydd sydd ar gael, ynghyd â rhestr brisiau a ddengys y lefelau gwahanol o bris a godir yn gaeth i amodau cytundebau presennol.

Os bwriada'ch cwmni adnewyddu neu ailnewid cyfarpar caledwedd cyfrifiadurol sy gennych ar hyn o bryd, cysyllter â fi:

Alan Rivers
Rheolwr Gwerthu
COMPUTASA

Gweler uchod am fanylion ffacs, ffôn, a chyfeiriad.

Yn gywir

33 Complaining about inadequacy of electronic equipment

Magnum Construction plc
Neath Road
Port Talbot
West Glamorgan

Tel: 01639 516738
Fax: 01639 519047

2 February 199-

The Service Manager
Servo Computer Hardware
Hendre House
11 Penbach Street
Swansea

Your ref.
Our ref. RW / RL

Dear Sir

I regret to have to write to you today to complain about the performance of the network of new computers installed by your engineers last week. It is not yet clear whether the problem lies with the machines themselves, with their installation, or with the software being used by my staff.

I would appreciate a visit from a senior member of your staff within the next two days. We are still able to do the basic work necessary for the moment, but we must have things put right by the weekend, as we had planned to run the system throughout Saturday and Sunday.

Whatever the case, it cannot be emphasized enough that once your staff have resolved the problem, there must not be a repetition of this situation, if we wish to avoid coming to the conclusion that your system is inadequate for the task specified by us.

I look forward to hearing from you by Thursday, if not before.

Yours sincerely

(Computer Systems Manager)

33 Cwyno bod cyfarpar electronig yn annigonol

Magnum Construction ccc
Heol Castell-nedd
Port Talbot
Gorllewin Morgannwg

Tel: 01639 516738
Ffacs: 01639 519047

2 Chwefror 199-

Y Rheolwr Gwasanaethu
Servo Computer Hardware
Tŷ Hendre
11 Stryd Penbach
Abertawe

Eich cyf.
Ein cyf. RW / RL

Annwyl Syr

Y mae'n ddrwg gennyf ei bod yn rhaid ysgrifennu atoch i achwyn am gyflawniad y rhwydwaith o gyfrifiaduron newydd a osodwyd gan eich peirianwyr yr wythnos diwethaf. Nid yw'n amlwg eto p'un ai yn y peiriannau eu hunain, yn eu gosodiad, neu yn y meddalwedd a ddefnyddir gan fy staff y mae'r broblem.

Fe werthfawrogwn i ymweliad gan aelod hŷn o'ch staff o fewn y ddau ddiwrnod nesaf. Yr ydym yn gallu gwneud y gwaith sylfaenol sy'n angenrheidiol am y tro, ond erbyn y penwythnos mae'n rhaid cael pethau'n iawn gan ein bod wedi bwriadu rhedeg y sustem trwy ddydd Sadwrn a dydd Sul.

Beth bynnag, ni ellir ei bwysleisio'n ddigon na ddylai'r sefyllfa hon ddigwydd eto ar ôl i'ch staff ddatrys y broblem os nad ydym i ddod i'r casgliad bod eich sustem yn annigonol i wneud y gwaith a neilltuwyd gennym.

Edrychaf ymlaen at glywed gennych erbyn dydd Iau, os nad gynt.

Yn gywir

(Rheolwr Sustemau Cyfrifiaduron)